I0142178

Théatres

Et de leur organisation lég

1819

DES
THÉÂTRES
ET DE
LEUR ORGANISATION LÉGALE.

A PARIS,

CHEZ MERLIN, Libraire, Quai des Grands-Augustins, n°. 9;
Et chez les Marchands de Nouveautés.

1819.

IMPRIMERIE DE MADAME HUZARD
(NÉE VALLAT LA CHAPELLE.)

DES THÉATRES ET DE LEUR ORGANISATION LÉGALE.

Après avoir satisfait aux premiers besoins qui lui ont été imposés par la nature pour sa conservation, l'homme cherche des divertissemens, et sait bientôt s'en créer. Les sauvages les plus isolés ont des chants et des danses; les peuplades les moins avancées dans la civilisation offrent aux navigateurs qui les découvrent, des spectacles informes et bizarres à la vérité, mais qui ont cependant la plus parfaite analogie avec ceux des peuples civilisés.

Le Théâtre est un des plus nobles délassemens que les hommes aient imaginés. Les Grecs, qui les premiers cultivèrent les lettres et les beaux-arts, en prenant la nature pour guide, et les portèrent à un si haut point de perfection, inventèrent l'art du théâtre. La poésie la plus élevée, une déclamation habile, des chants expressifs, s'unirent bientôt pour donner aux Grecs des spectacles qui charmaient ces peuples spirituels. Mais on se tromperait si l'on jugeait de leurs théâtres par les nôtres. Les représentations avaient alors un tout autre caractère. Les sujets des tragédies grecques étaient tirés des annales du pays, et de l'histoire des dieux qu'on y adorait. La religion se mêlait à ces jeux; des autels étaient placés sur les théâtres, les chœurs se composaient des jeunes gens des familles les plus distinguées, et les principaux citoyens tenaient à honneur de les diriger. Les représentations avaient ordinairement lieu pendant ces jeux solennels où l'on disputait les prix de la poésie, de la course et des exercices gymnastiques. Ces spectacles donnés sous le beau ciel de ces contrées, dans des édifices décorés par l'architecture la plus imposante, produisaient sur les Grecs cet enthousiasme et ces élans d'admiration que les auteurs anciens ont souvent décrits.

Les Romains, imitateurs des Grecs qu'ils asservirent, eurent des théâtres modelés sur ceux de la Grèce, avec cette différence que leurs représentations scéniques prirent un caractère moins religieux et moins national.

Les temps de barbarie firent presque oublier

ces nobles divertissemens; ils renaquirent avec les lettres et les beaux-arts dans le quinzième siècle. Des essais plus ou moins informes eurent lieu en Italie, puis ensuite en France, en Allemagne, en Espagne. Le théâtre se perfectionna successivement jusqu'au point où nous le voyons aujourd'hui.

Les dates récentes des améliorations les plus importantes doivent nous faire reconnaître que les théâtres ne sont pas encore arrivés à leur point de perfection. C'est en 1759 qu'au théâtre Français, la scène, jusqu'alors remplie de spectateurs qui laissaient à peine libre l'espace nécessaire aux comédiens, fut débarrassée et devint une scène véritable. C'est vers la même époque que Lekain et mademoiselle Clairon commencèrent à introduire la réforme des costumes suivant les règles du goût et la connaissance des monumens, et que les vêtemens des acteurs cessèrent d'être un composé de mauvais goût, d'ignorance et de ridicule.

Depuis l'origine des théâtres en France, jusque vers le milieu du dix-septième siècle, le gouvernement s'était peu occupé de ces établissemens; il y avait à Paris, à cette époque, quatre troupes de comédiens exerçant librement et concurremment leurs talens. Elles étaient réduites à deux, celle de Molière et celle de l'hôtel de Bourgogne, lorsque Louis XIV, persuadé que les choses ne pouvaient aller bien dans son royaume s'il ne les dirigeait par des règlemens, rendit, le 22 octobre 1680, une ordonnance qui réunissait les deux troupes, ou plutôt, qui détruisait celle de l'hôtel de Bourgogne, pour ne conserver que celle de Molière, et cela, *afin de rendre les représentations des comédiens plus parfaites.* L'ordonnance ajoutait : *Pour lui donner moyen de se perfectionner de plus en plus, Sadite Majesté veut que sa seule troupe puisse représenter dans Paris.* Voilà l'origine des priviléges sans cesse invoqués depuis par le théâtre Français, et de tout ce qui se débite encore aujourd'hui sur la nécessité d'empêcher la concurrence dans l'art du théâtre, pour son plus grand perfectionnement.

Le théâtre de l'Opéra avait aussi alors ses priviléges ; le théâtre Italien, depuis Opéra-Comique, reçut également les siens, lorsqu'il s'établit par la suite.

Depuis le commencement du dix-huitième siècle jusqu'à la révolution, il s'établit une lutte continuelle entre ces trois grands théâtres privilégiés et les théâtres secondaires qui s'élevaient successivement, et qui s'efforçaient avec une constante persévérance d'agrandir le cercle des concessions qui leur étaient faites. Les petits théâtres furent successivement permis, tolérés, défendus ; des foires, ils se glissèrent aux boulevards, par-tout et toujours accueillis et encouragés par la faveur publique. Les vexations les plus injustes, les prohibitions les plus ridicules, furent successivement employées pour soutenir les priviléges des grands théâtres blessés des succès de leurs antagonistes. L'essor des talens de tous genres que ces spectacles faisaient naître, fut arrêté; les goûts du public furent contrariés ; les spéculations des entrepreneurs furent gênées, et souvent anéanties, et conséquemment l'industrie, que ces établissemens animaient, fut d'autant restreinte. On vit les dépositaires du pouvoir s'occuper avec acharnement de la ruine de ces théâtres, leur défendre de chanter, de danser, de parler, de faire paraître plus de dix danseurs, d'avoir dans leur orchestre plus de six musiciens, de faire payer leurs places plus de vingt-quatre sous. Chaque nouvel administrateur avait ses idées et ses créatures; il fallait bien que tout, jusqu'aux tréteaux du boulevard, suivît ses volontés, souvent fort diverses de celles de son prédécesseur. L'histoire des théâtres d'Audinot, de Nicolet et de plusieurs autres, offre le détail souvent plaisant de ces querelles. Par-tout et toujours, on y voit l'industrie cherchant à s'élever contre le mur des priviléges et des règlemens, et le public voulant, pour son argent, se divertir à son gré, malgré les ordres supérieurs et les lamentations classiques des théâtres privilégiés.

En 1789, des améliorations avaient eu lieu; on commençait à comprendre que les entreprises théâtrales pouvaient bien, en définitif, être une industrie comme toute autre, et que le meilleur de tous les partis était peut-être de laisser cette industrie se développer librement; mais les priviléges avaient de trop profondes racines pour que ces principes fussent mis pleinement en pratique.

Un point fort important dans la législation théâtrale, celui des droits des auteurs, avait été souvent cause des débats les plus vifs. Ces droits, toujours livrés à l'arbitraire de l'autorité et des comédiens, n'étaient ni établis ni assurés. Beaucoup d'auteurs avaient éprouvé des injustices criantes à cet égard; ils avaient écrit, formé des ligues, et porté juqu'à l'évidence la justice de leurs réclamations. Cela n'avait servi qu'à persuader au public que la raison était de leur côté, qu'une production de l'esprit est la propriété de son auteur, et qu'on ne peut en disposer sans son aveu. Cela était reconnu; mais il n'en était ni plus ni moins. L'arbitraire et la prepotence continuaient à régler toutes ces matières, comme tant d'autres plus importantes.

L'état personnel des comédiens français était alors, ainsi que beaucoup d'autres choses, un composé de contradictions. Ils étaient comédiens du Roi, pensionnaires du Roi, sous les ordres immédiats des premiers gentilshommes de la chambre, charges remplies souvent alors par des maréchaux de France; leurs talens charmaient Paris, la réputation de leur théâtre s'étendait même hors de France, les anecdotes de leur vie privée occupaient continuellement la Cour et la ville; ils étaient accueillis par les gens du rang le plus élevé, étaient reçus dans la société des grands. Voilà de quoi enivrer des têtes fortement constituées; mais il y avait un terrible revers de médaille. Les lois de l'État et les règlemens de l'Église considéraient les comédiens comme une classe de gens tout-à-fait séparée, et inhabile à la plupart des actes résultant des droits de cité. Tout était alors tellement incertain dans la législation, qu'il serait difficile peut-être de trouver les bases précises de cet état de choses; mais un nombre infini de faits viennent à l'appui de cet énoncé.

En 1771, le Parlement de Paris ne voulut pas admettre un comédien à prêter serment en justice, comme étant *infâme par son métier.*

En 1782, le sieur Grammont, acteur des Français, ayant quitté Paris sans congé pour suivre une de ses camarades qu'il aimait, MM. les premiers gentilshommes de la chambre le firent arrêter et *bannir de France à perpétuité;* ils voulaient même qu'on le fît partir en plein jour et avec éclat : M. Lenoir, lieutenant de police, s'y refusa. Quelle que fût la puissance de MM. les premiers gentilshommes de la chambre, et quelque incertitude que les faits du temps dont il est question nous laissent sur les limites du pouvoir des diverses autorités qui commandaient alors, il est à penser que ces officiers de la couronne n'auraient pas pu condamner au bannissement perpétuel, de leur autorité privée, non pas seulement un citoyen, mais même un Français. Qu'étaient donc les acteurs ?

L'état civil des comédiens était encore plus particulièrement incertain, puisque les actes de l'état civil étaient alors tenus par le clergé. Les comédiens étaient considérés par l'Église comme en état permanent d'excommunication, et ne pouvaient en conséquence obtenir les sacremens, qui seuls constataient, dans ce temps, les actes de l'état civil. Ils ne pouvaient se marier qu'en renonçant au théâtre; être enterrés, c'est-à-dire être mis en terre avec les cérémonies employées alors pour tous les Français catholiques, et qui seules constituaient pour eux le décès et l'enterrement, que s'ils avaient renoncé au théâtre avant leur mort.

Pour se marier donc, un acteur produisait sa renonciation au théâtre, et l'Église permettait le mariage. La cérémonie faite, M. le premier gentilhomme de la chambre de service donnait au nouveau marié l'ordre, au nom du Roi, de remonter sur le théâtre; et le marié obéissait. Monseigneur Christophe de Beaumont devint plus rigide, et il exigea, pour permettre les mariages des comédiens français, une déclaration signée des quatre premiers gentilshommes de la chambre, portant qu'ils ne donneraient pas au futur marié l'ordre de remonter sur le théâtre après le sacrement. Dès-lors, plus de mariages de comédiens. Molé, voulant absolument se marier en 1769, escamota, par des moyens tout-à-fait comiques, la signature du difficultueux archevêque, et le sacrement.

Quant aux enterremens, mêmes difficultés alors en point de droit; mais, dans le fait, comme il était facile d'obtenir d'un mourant ou de supposer une renonciation *in articulo mortis*, on passait outre en général.

Mais il ne faut pas perdre de vue que les acteurs Français, c'est-à-dire, jouant la tragédie et la comédie, étaient, en principe, les seuls frappés de l'excommunication religieuse et civile. Les chanteurs, danseurs, acteurs des petits théâtres, etc., n'étaient pas dans cette catégorie; ils jouissaient des droits de cité, et n'étaient pas exclus du sein de l'Église. Etrange privilége pour les comédiens du genre le plus élevé ! pour ceux de la capitale, sur-tout, qui se nommaient *Comédiens ordinaires du Roi !* Il est fort facile de prouver par des détails, et par un très-grand nombre de faits, cette étrange bizarrerie, dont la cause première était que les décrets de la cour de Rome, bases de toutes ces injustes et ridicules absurdités, avaient été obtenus sous Louis XIV, dans un temps où il n'y avait encore en France ni Opéra-comique, ni petits théâtres.

Les chanteurs et danseurs du théâtre de

l'Opéra, auxquels leurs anciens priviléges assuraient leur état, n'avaient pas été compris dans les excommunications dont on n'avait dirigé les foudres que contre les *Comédiens*. De plus leur théâtre se nommait, comme il se nomme encore aujourd'hui, Académie Royale de Musique. A ce titre, ils se prétendaient académiciens, et l'on sait que les académiciens n'étaient pas excommuniés en France. Quelques doctes prélats cependant ont souvent prétendu que si les comédiens méritaient l'excommunication, ceux qui composaient les pièces qu'ils représentaient ne la méritaient pas moins. Ce zèle ardent s'est développé plus d'une fois, et il a souvent obtenu des succès; témoin l'illustre Vieillard de Ferney, qui ne put être enterré qu'au moyen d'une fraude pieuse de l'abbé Mignot, son neveu.

Quant aux acteurs de l'Opéra-Comique, il suffira d'un seul fait pris parmi une infinité d'autres. Le célèbre Carlin, arlequin de ce théâtre, mourut le 4 septembre 1783; il fut enterré à l'église Saint-Roch, sans difficultés et avec cérémonie, quoiqu'il fût mort sans confession, et dans le plein exercice de sa profession. Le 24 du même mois, ses camarades firent célébrer, à l'église des Petits-Pères de la place des Victoires, un service pour le repos de l'âme dudit sieur Carlo Bertinazzi, leur arlequin. Cette cérémonie fut célébrée avec *toute la pompe dont elle était susceptible*, disent les Mémoires du temps. L'Opéra et la comédie Française y furent invités *en corps*, et y assistèrent en grand deuil. On remarqua particulièrement la décence avec laquelle figurèrent dans cette pompe les acteurs et les actrices du théâtre Français, et ce fait offre à leur égard cette singularité, qu'ils étaient admis dans l'église comme spectateurs d'une cérémonie qui leur était interdite pour leur propre compte.

L'état des théâtres en France, avant la révolution, avait donc besoin de beaucoup de réformes. L'arbitraire réglait tout; aussi le public manifestait souvent son mécontentement et ne manquait pas une occasion d'en donner de bruyans témoignages. M. de Grimm, écrivait ce qui suit, dans sa Correspondance Littéraire :

« Quant au fonds des pièces françaises qui » appartiennent à la comédie Italienne, MM. les » premiers gentilshommes de la chambre du » Roi, qui se mêlent de la police des spectacles » de Paris en dépit du public, voudraient le faire » passer à la comédie Française; mais la comé» die Italienne représente qu'ayant payé ces

» pièces aux auteurs, il n'est pas juste qu'on » les lui enlève sans dédommagement; et la » comédie Française observe que l'acquisition » de ces pièces n'étant probablement qu'une » faible ressource pour son théâtre, elle n'est » pas en état de les payer. Les deux comédies » ont raison; il n'y a que leurs supérieurs qui » ont tort de se mêler de ce qui ne les regarde » point; ils ne devraient avoir d'autorité qu'en » ce qui concerne le service des spectacles à la » Cour. A Paris, le public devrait être le seul » juge de tout, parce qu'il va aux spectacles » pour son argent, et que ces spectacles ne sub» sistent que par son argent. La tyrannie des » supérieurs est poussée à un tel excès, qu'ils » viennent de défendre aux comédiens Français » de jouer sur aucun théâtre de société, de peur, » disent ils, que, fatigués mal-à-propos sur les » théâtres particuliers, ils ne puissent bien faire » leur service sur le théâtre de la Cour. Et puis » qu'on dise qu'on n'a pas soin du public en » France! Il est vrai que ce public est ingrat, » et qu'il prétend qu'il se ferait bien justice lui» même, en sifflant l'acteur qui ne le servirait » pas avec zèle, etc. » (Correspond. de Grimm. Partie 1re. t. 6, p. 383.)

La révolution arriva; es théâtres suivirent

l'impulsion donnée aux hommes et aux choses. Ils devinrent bientôt libres ; il se forma de nouvelles compagnies ; on bâtit des salles de spectacles ; chacun fit ce qu'il crut convenable à ses intérêts, et le public y gagna sous tous les rapports. Mais cet état de choses ne fut pas de longue durée ; lorsque, après le temps de la grande tourmente, on reconstruisit successivement l'édifice social, les diverses parties de l'administration publique rentrèrent plus ou moins sous le régime de l'obéissance passive à l'autorité, et tout ce qui ne se trouva pas dans le domaine de la loi, fit partie du domaine privé de l'administration. Ainsi, pour appliquer cette considération aux affaires des théâtres, les auteurs virent la propriété de leurs ouvrages assurée, les comédiens acquirent leur état civil ; mais la liberté du théâtre, en lui-même, ne fut nullement garantie. La législation, qui s'occupa des individus parce qu'ils faisaient partie de la nation devenue libre et égale, ne s'occupa point de l'institution théâtrale, ou s'il y eut des lois à cet égard, elles tombèrent bientôt en désuétude par les changemens successifs de gouvernemens. Les particuliers, que la liberté des speculations théâtrales aurait engagés à s'y livrer, ne purent rien entre-

sont représentées. Ce qui devrait être en principe le résultat de contrats synallagmatiques entre les auteurs et les théâtres, se trouve fixé par l'administration. Dans les genres de spectacles qui ont à Paris plus d'un théâtre, comme le mélodrame et le vaudeville, il reste au moins aux auteurs la faculté de choisir celui de ces théâtres qui leur convient le mieux ; mais quant aux pièces des genres représentés seulement dans les trois grands théâtres privilégiés, les auteurs sont réduits à traiter avec un seul théâtre, ou bien à renoncer à voir leurs pièces jouées. Lorsqu'il n'y a pour une marchandise qu'un acheteur, les fabricans sont nécessairement à sa merci.

Un jeune homme qui se sent poussé par l'influence secrète de la muse tragique, mais à qui il reste assez de sang-froid pour réfléchir sur les résultats de l'entreprise de la composition d'une tragédie, s'apercevra donc bientôt des désagrémens qui l'attendent. Composer cinq actes n'est rien ; il lui faudra proposer sa pièce au seul théâtre à qui il puisse l'offrir, la faire agréer, et l'on sait quelles difficultés cela présente ; attendre quelques années pour être joué, et recevoir pour prix de son travail et de sa patience ce qu'il plaira aux comédiens ou à l'administration des théâtres de lui allouer. Voilà comme les principes excellens établis par nos lois se trouvent éludés. N'y a-t il pas là de quoi dégoûter le génie le plus ardent ? Aussi les jeunes auteurs s'éloignent des scènes privilégiées, et composent pour les théâtres où ils peuvent trouver concurrence d'acheteurs de leur marchandise ; ils font des mélodrames et des vaudevilles. Cette prédilection de beaucoup d'écrivains pour les petits théâtres, que les gens qui ne réfléchissent pas nomment *les progrès du mauvais goût*, n'est donc bien positivement que le résultat nécessaire des priviléges et du système actuel de l'administration des théâtres.

Les partisans des priviléges vont s'écrier ici : « Vous avez raison et vous indiquez, sans le » savoir, le remède à la funeste décadence du » bon goût; il faut défendre qu'il y ait à Paris » plus d'un théâtre de mélodrames, et ordonner » qu'il y ait trois théâtres Français. Par-là, les » effets deviendront inverses de ce qu'ils sont; » on composera beaucoup de tragédies et de « comédies, et moins de mélodrames; on force» ra, etc., etc. » Mes bons amis, faites cela, et à force d'ordonner et de défendre, vous ferez si bien que toutes les classes de la société abandonneront peu-à-peu les théâtres, et retourneront au cabaret, que beaucoup de gens des classes élevées fréquentaient encore au milieu du dernier siècle. Voilà comme les institutions et les lois influent sur les mœurs. Voyez un jour de dimanche une commune de campagne dans laquelle le curé, faisant fonctions d'autorité civile, défend les bals; les hommes s'enivrent, et les femmes s'ennuient.

Une des grandes erreurs des gouvernans, est de ne pas savoir qu'il y a une infinité de choses qu'il faut laisser aller, et non pas faire aller.

On pourra faire ici une objection souvent répétée par les comédiens Français : « Nommez-nous une bonne pièce qui ait été composée et que la comédie Française n'ait pas représentée, ou un auteur de mérite dont la comédie n'ait pas accueilli les ouvrages. » Cette objection, qui semble victorieuse, ne signifie rien. Le théâtre Français a joué toutes les bonnes pièces qui ont été composées, parce qu'il serait trop absurde de ne pas le faire, quand on prend dix ou quinze ans de réflexion. Mais la grande question serait de savoir combien de jeunes gens qui seraient devenus des hommes de talens, de génie peut-être, les comédiens

Français privilégiés ont dégoûtés de la carrière épineuse de la poésie dramatique, par leur morgue, leurs refus et leurs lenteurs.

Nous arrivons à l'état personnel des acteurs. La révolution nous a donné l'inappréciable avantage d'un état civil placé uniquement dans les autorités et les lois civiles, et pour juges de ce qui s'y rattache, des tribunaux devant lesquels tous les hommes sont égaux, et qui ne peuvent admettre que des considérations civiles. Accoutumés depuis tant d'années à ce bienfait de la révolution, nous en jouissons sans réfléchir à toutes les conséquences favorables pour la société qui en sont le résultat. Comme tous les principes vrais et grands, celui-ci devait produire tous les biens possibles dans chaque partie de l'édifice social, et détruire les maux causés par les systèmes contraires. Ainsi, en appliquant cette considération au fait des comédiens, les lois nouvelles ont détruit les inconcevables vexations auxquelles ils étaient exposés, et leur ont acquis la possession de leur état civil ; ils sont rentrés dans leurs imprescriptibles droits d'hommes et de citoyens.

Mais leur état comme acteurs n'a point changé, et cela tient à ce manque de législation théâtrale qui a été signalé précédemment. Un nombre plus ou moins grand de faits, connus de ceux qui sont informés de ce qui a rapport à l'administration théâtrale, justifie sans doute cette assertion. Ne pouvant puiser que dans ce qui est venu à la connaissance du public, on se bornera à rappeler le fait ci-après.

La Quotidienne du 2 septembre 1816 contient l'article suivant : « D'Arboville, qui était at-
» tendu à Feydeau pour le 1er. de ce mois, ne
» viendra pas remplir l'engagement qu'il avait
» obtenu. Le premier gentilhomme de la
» chambre du Roi, chargé de la direction su-
» prême des théâtres royaux, a cassé l'enga-
» gement de cet acteur, et décidé qu'il ne serait
» admis sur aucun théâtre de France. D'Arbo-
» ville a provoqué cet acte d'une juste rigueur
» par des propos séditieux qu'il a tenus dans
» un lieu public à Lyon. Il est en prison dans
» cette ville, et va, dit-on, être jugé. Puisse
» cet exemple servir de leçon à certains ac-
» teurs, et leur faire sentir qu'ils ont toujours
» mauvaise grâce, et quelquefois mauvaise
» chance à s'occuper d'autre chose que de leurs
» rôles! »

Il faut d'abord, en se dépouillant de l'impression que peut produire au premier moment l'énoncé de ce fait, l'examiner sous le rapport de sa régularité. Cet examen conduit à reconnaître que la décision dont il est question n'était pas attaquable sous ce rapport. Puisqu'il est admis que la direction des théâtres peut gérer ces établissemens à son gré, sans que des lois lui servent de bases, il faut reconnaître qu'elle peut faire tout ce qui lui paraît convenable, et conséquemment admettre et éloigner tels ou tels acteurs. C'est un système singulier dans un pays libre et constitutionnel, mais les choses sont ainsi. Les diverses branches de l'administration publique ont pour bases des lois, et pour agens des fonctionnaires dépendant d'un ministre responsable, et qui le sont eux mêmes. Ici, il n'y a point de lois, et les agens ne dépendent d'aucun ministre; car il y a lieu de croire que MM. les premiers gentilshommes de la chambre ne sont pas soumis au ministre de la Maison. De-là, point de responsabilité; et, d'ailleurs, sur quoi la baser, en l'absence de toute législation précise sur cette matière ?

Mais si la décision en question n'était pas attaquable faute de moyens légaux de l'attaquer, elle n'en pourrait pas moins être considérée, par certains esprits, comme contraire à quelques principes, puisqu'il en résulte :

1°. Que dans l'opinion de MM. les premiers

gentilshommes de la chambre, la *suspicion* d'avoir tenu des propos, dits séditieux, méritait au *suspecté* la privation de l'exercice de son état dans toute l'étendue de la France, sans terme fixé ; tandis que la *conviction* devant un tribunal, d'avoir tenu des propos tendant à la rébellion contre l'état, n'aurait mérité au *convaincu* que quelques semaines d'arrestation.

2°. Que l'opinion de MM. les premiers gentilshommes de la chambre peut acquérir, par leur simple volonté, la force de chose jugée, et être mise à exécution comme un arrêt légalement prononcé en vertu des lois.

3°. Que MM. les premiers gentilshommes de la chambre ont les moyens officiels de faire exécuter leurs décisions dans tous les départemens de la France, en ce qui touche les théâtres qu'ils n'administrent pas ; car il y en a probablement qui sont dans ce cas, et qu'ils ne considèrent point comme étant soumis à leur direction, ainsi que seraient, par exemple, à Paris, le théâtre des Funambules et celui du sieur Bobêche.

Lorsqu'il s'agit de discuter une question, dont dépend l'état d'une classe entière de citoyens, on doit tout dire ; il faut donc ajouter ici que la privation de l'exercice de son industrie équivaut pour un acteur au bannissement; car, s'il ne peut monter sur aucun théâtre dans son pays, et s'il n'a pas d'autres moyens d'existence que son talent, il faut qu'il s'expatrie; et de plus, en s'expatriant, il n'a de refuge que le très-petit nombre de villes étrangères où il y a des théâtres français.

On ne peut donc pas douter que les conséquences de la décision en question n'aient échappé à ceux qui l'ont portée; et cette réflexion rend plus forts encore les motifs qui militent contre un tel ordre de choses. Ces inadvertances légères, échappées à la sagacité de personnes du plus haut rang, doivent sans doute les convaincre elles-mêmes que le système de l'arbitraire est environné de bien des dangers, et que le régime des lois serait plus facile, plus honorable et plus rassurant.

Il ne nous reste à examiner que la situation actuelle des acteurs sous le rapport religieux. A cet égard, la position de ceux qui sont de la religion catholique n'a point changé. Il paraît même que les ministres de ce culte sont devenus, depuis quelques années, plus difficiles, et que les comédiens Français ne sont plus les seuls qu'ils considèrent comme excommuniés.

Pourquoi tout cela ? C'est une question qui tient à des considérations différentes de celles qui font la matière de cet écrit ; cependant il est indispensable d'indiquer en peu de mots ce qui a rapport sous ce point à notre sujet. Si un comédien catholique, après son mariage, veut faire bénir cette union par un ministre de sa religion, il éprouve des difficultés ; si l'on veut faire dire des prières pour un comédien catholique, avant son enterrement, dans une église de sa religion, on éprouve des difficultés. Nous avons vu, depuis quelques années, des exemples de ces refus de prières de l'église catholique, d'autant plus fâcheux, qu'ils tournent toujours au détriment, non pas de la religion, qui est bien au-dessus de telles atteintes temporelles, non pas de l'esprit religieux, qui se meut dans une sphère d'idées fort différentes de celles qui inspirent de tels actes, mais des ministres d'une religion ; et cependant ces ministres n'avaient pas tort. Sans doute, si l'on veut examiner la chose sous le rapport des principes de la morale universelle, la religion étant émanée de Dieu, ainsi que la justice, le refus des secours de la religion est, comme le déni de justice, un des grands crimes qu'on puisse commettre dans l'ordre social. Mais on n'en est pas au point de se guider dans cette matière sur des théories plus ou moins satisfaisantes; comme on y marche à la clarté de doctrines écrites et infaillibles, c'est-à-dire des règlemens de l'église catholique, la route est tracée, et il faut se borner à faire ce que ces règlemens indiquent. Quelques personnes ont blâmé les prêtres qui ont donné cause aux scènes scandaleuses qui se sont passées; ils ne le méritent pas. La faute n'est pas à eux; ils ne font qu'obéir aux ordres de leurs supérieurs et aux règlemens qui régissent leur communion. Un curé doit obéissance à son évêque et aux règlemens de son église, comme un capitaine à son colonel et aux lois militaires. Si l'on disait que cette matière est, en ce moment, suivant l'opinion de l'église elle-même, dans le champ du doute, et conséquemment dans celui de l'arbitraire, et que les prêtres peuvent suivre en ce point les règles de leur propre conscience, ce serait une position bien autrement mauvaise; car il n'y a pas, en quoi que ce soit, de pire état que celui de l'incertitude, et d'un autre côté, il n'y a rien au monde de plus respectable que la conscience. De quel côté est donc l'erreur? Les évêques ont-ils tort? Non, ils suivent aussi leurs règlemens. A qui donc s'en prendre ? Qui produit ce scandale religieux ? Quelle est la cause de cet autre scandale de lois ecclésiastiques si peu en harmonie avec les lois civiles de la nation ?

Espérons que ces affligeantes contradictions cesseront, et que ceux qui sont chargés de mettre d'accord le spirituel et le temporel, s'entendront enfin un jour pour arriver à des arrangemens conformes à l'équité, à la raison et à l'esprit de notre temps.

Après avoir exposé l'état présent des théâtres, il ne reste plus qu'à examiner ce qu'ils pourraient être. La lecture de tout ce qui précède a déjà établi que le principe de la liberté appliqué à ces institutions les ferait fleurir, perfectionnerait tous les arts qui en dépendent, et améliorerait le service public en cette partie, sous tous les rapports. Il n'est pas nécessaire d'entrer dans de grands détails pour prouver ces vérités, conséquences nécessaires de la force des choses, et des calculs de l'industrie. Les entrepreneurs d'une affaire commerciale et les théâtres ne sont en définitif que cela, savent mieux ce qu'il faut faire pour améliorer leur chose, que des administrateurs désintéressés; car l'intérêt personnel est beaucoup plus clairvoyant que le zèle du bien public le plus éclairé.

La base d'une législation fixe des théâtres devrait donc être la liberté de représenter les spectacles de tous les genres, où, et comme l'entendraient les entrepreneurs ou sociétés qui voudraient exploiter cette branche d'industrie. Des règlemens fixeraient la police de ces établissemens sous les seuls rapports du bon ordre, de la sûreté publique et de la salubrité. Les spectacles ne pourraient représenter aucune composition, sans avoir préalablement obtenu l'approbation de la police; mais j'oserai ajouter ici que les décisions de police, en cette matière, devraient être soumises à un appel aux tribunaux chargés de juger les délits de la presse. Les impôts devraient être calculés également pour tous les théâtres, en prenant leurs produits pour bases. Enfin, les lois et règlemens devraient être les mêmes pour tous.

Les discussions des auteurs avec les théâtres, celles des acteurs avec leurs entrepreneurs ou leurs sociétés, se trouveraient soumises aux tribunaux comme toutes les autres affaires civiles, et rentreraient ainsi dans le domaine des lois et du droit commun.

Un tel plan et les bases sur lesquelles il repose, paraissent être de nature à tout concilier, à satisfaire tous les intérêts, et sur-tout ceux du public. Mais les préjugés en faveur de ce qui est ancien, les habitudes de gouvernement absolu, sont encore tellement enracinés parmi nous, dans de certains esprits, qu'il est indispensable de répondre aux objections que l'on ne manque jamais de faire à l'établissement de la liberté des théâtres.

Les principales de ces objections sont toujours proférées au nom du bon goût. On fait un tableau bien pathétique de la décadence future de la scène française; on prédit que le mélodrame et les autres genres que l'on nomme mauvais, envahiraient tous les théâtres, et que la confusion des genres amenerait bientôt la perte du goût et de la saine littérature dramatique. Rien de cela n'aurait lieu. Le public, qui n'a pas trop mauvais goût, quoi qu'on dise, saurait parfaitement reconnaître ceux qui feraient bien de ceux qui feraient mal, et son affluence ou son éloignement serait la meilleure leçon. En définitif, de quoi est-il question? d'amuser le public; et il sait à cet égard mieux que personne ce qui lui convient.

Les déclamations contre les mélodrames et les théâtres qui les représentent, sont devenues pour certaines gens une espèce de dogme aussi absolu qu'intolérant. Qu'est-ce donc, en effet, qu'un mélodrame pour la plupart des spectateurs ? Une représentation dramatique qui réunit un sujet ordinairement intéressant, de la musique, des danses, des décorations, un ensemble varié, et tout cela exécuté d'une façon souvent fort satisfaisante. Pour une grande partie des personnes qui fréquentent le théâtre, cette variété est plus attrayante, et même plus convenable que la gravité méthodique des grands spectacles. Soyons de bonne foi ! un homme qui a passé la journée dans les occupations de son état, va chercher au théâtre des distractions, et non pas un nouveau travail. L'attention qu'exigent une tragédie, une comédie, est pour beaucoup de spectateurs une espèce de gêne; plus ces pièces forcent à une attention soutenue, et moins elles conviennent à beaucoup de personnes.

L'intolérance pour tel ou tel genre de spectacle est une chose tout-à-fait extraordinaire dans le temps où nous vivons. D'après nos lois, tous les citoyens peuvent suivre la croyance religieuse qu'ils ont adoptée; chacun peut aller librement au temple de sa religion; et l'on ne voudrait pas que le public pût voir aux théâtres les genres de spectacle qui lui plaisent davantage, telle ou telle représentation qu'il préfère !

La tolérance établie en faveur des cultes ne pourrait pas exister en faveur de la comédie! La même main qui ordonnance dans un département le traitement des ministres de trois ou quatre cultes différens, défendrait la représentation de Malek-Adel, ou du Désespoir de Jocrisse ! et cela sous le prétexte du bon goût, pour l'avantage des belles-lettres; comme si les citoyens ne savaient pas mieux que le préfet de leur département, de quelle façon il leur convient de s'amuser, sur-tout quand ce sont eux qui payent. Ils est fâcheux de devoir mêler ainsi les idées si respectables de religion avec des considérations sur les divertissemens publics; mais d'aussi inconcevables contradictions y obligent. Quelquefois il faut frapper fort pour se faire entendre.

Une des principales causes qui attirent la foule dans les petits spectacles, est le prix de leurs places, si différent du taux auquel elles sont portées dans les grands théâtres. Beaucoup de personnes, et c'est le plus grand nombre, peuvent dépenser 10 francs pour conduire leur famille au spectacle, et non pas 40. Ces théâtres se remplissent donc toujours, tandis que les grands spectacles sont souvent vides ; et cette certitude de trouver des salles bien garnies, est un appât de plus pour beaucoup de gens. Les prix des grands théâtres à Paris sont en général trop élevés, et le premier résultat de la liberté des théâtres serait de faire baisser ces prix. Que l'on ne croie pas que par-là les recettes de ces théâtres diminueraient ; car ils seraient plus fréquentés lorsque leurs prix se trouveraient rapprochés de ceux des petits spectacles.

Si le Gouvernement croyait enfin devoir favoriser les théâtres qui représentent tel ou tel genre de spectacle, n'a-t-il pas plusieurs moyens de le faire ? Ne pourrait-il pas donner des encouragemens à ceux des théâtres qui lui paraîtraient le mériter davantage ? Il conviendrait sur-tout qu'il continuât à consacrer une forte somme au théâtre de l'Opéra, afin de le maintenir à un point de véritable magnificence. Il est digne d'une grande capitale de pouvoir offrir un spectacle de ce genre. Il serait également nécessaire que le Gouvernement continuât la dépense du théâtre Italien, qui se soutiendrait difficilement sans secours, et qui est indispensable, si l'on veut continuer à améliorer le système du chant en France.

Il faut bien revenir encore ici sur une autre grande objection des ennemis du système de la prendre, parce que l'administration ne le leur permettait pas; le public, regardant les améliorations nouvelles, produites par la révolution, comme tout ce qu'il pouvait désirer, n'en demanda pas davantage.

Lorsque la France devint Empire, il était d'accord avec les principes du temps et du gouvernement établi, que cet état de choses se perpétuât; aussi les théâtres continuèrent-ils à être dirigés par l'autorité. On en vint même, par suite, à créer une espèce d'administration générale des théâtres de l'Empire; on établit des arrondissemens dramatiques, des directeurs, etc.

En 1814, la Charte constitutionnelle posa les bases de notre nouvel édifice social. Toutes nos lois demeurèrent en vigueur, et tout ce qui était établi en vertu de dispositions administratives fut conservé, modifié, ou détruit, suivant les mesures que le gouvernement crut devoir adopter. L'administration des théâtres alors subsistante parut convenable. Elle fut conservée, et elle subsiste encore, autant du moins que l'on en peut juger par le peu d'actes qui sont portés à la connaissance du public sur cette matière.

Tel est donc l'état actuel de la direction des

théâtres en France. Ils se trouvent régis par la seule volonté de l'autorité, comme avant la révolution, avec cette différence que les formules d'administration s'étant prodigieusement perfectionnées, l'action de l'autorité est en cela, comme dans le reste, plus uniforme, et conséquemment plus forte. Quant aux auteurs et aux acteurs, les lois leur ont assuré, en principe, ce qu'ils réclamaient il y a trente ans; mais tout ceci demande des développemens.

Il faut commencer par reconnaître qu'il y a eu des améliorations dans l'administration des théâtres de Paris. Il a été accordé aux petits spectacles beaucoup de facilités pour développer leur industrie; un second théâtre jouant la comédie, celui de l'Odéon, a été conservé, et les priviléges des grands théâtres ont reçu quelques altérations. Mais la manie réglementaire est loin d'être éteinte, et les théâtres, une fois établis, ne sont pas libres de faire ce qu'ils veulent. Leur existence tient à des conditions fixées; ils sont astreints à représenter tel genre de pièces et point tel autre, à ne pas jouer tel ballet de leur répertoire, les jours de représentation de l'Académie Royale de Musique; quelques-uns ne peuvent avoir que tel nombre d'acteurs; tous, enfin, sont soumis à une foule de petites décisions de divers genres, très-utiles pour donner de l'importance à ceux qui les inventent et les transmettent, mais tout-à-fait contraires au développement de l'industrie et des talens, et au service public.

Les grands théâtres ne sont pas oubliés dans cette hiérarchie, établie sur-tout en leur faveur ; mais la part de chacun est différente.

Le théâtre de l'Opéra a renoncé à une grande partie de ses anciennes prétentions. Ce magnifique seigneur, fier de son antique renommée et de ses richesses, a cru devoir permettre à quelques rivaux d'imiter ses brillantes conceptions, et de réunir de nombreuses phalanges de danseurs. Trois théâtres représentent des mélodrames et des ballets, et fournissent la preuve de ce que peut l'industrie à côté même des priviléges. Si ces trois théâtres ne rivalisent pas l'Opéra, ils rivalisent entre eux. Aussi en résulte-t-il ce que la concurrence ne peut manquer de produire, des tentatives continuelles de se surpasser, et le bien du service public. Ces théâtres luttent contre un établissement protégé par des priviléges et par un encouragement de quelques centaines de mille francs, et ils resistent. On peut juger par-là où serait porté l'art des pantomimes et des ballets, s'il pouvait être librement exploité.

Quant aux opéras, il est très-probable que le système de liberté des théâtres amenerait, dans ce genre de spectacle, un grand changement, c'est-à-dire, que la méthode de chant, encore en usage à l'Académie Royale de Musique, serait abandonnée ; il s'en formerait bientôt une autre, ou plutôt on appliquerait à la musique vocale sérieuse les progrès que l'art de chanter a faits en France. Ceux des chanteurs de ce théâtre qui tiennent à la méthode qu'ils conservent si religieusement, pourraient se rassurer sur les effets de la concurrence à leur égard ; personne au monde ne s'avisera jamais de chanter comme eux maintenant, à moins d'être payé pour cela de toute autre bourse que celle des spectateurs. Ce sont personnes de talens, sans doute, faisant mal, mais avec beaucoup d'intelligence, de travail et de zèle. Il en est plusieurs qui chantent à merveille quand ils sont hors de leur théâtre ; mais il y a dans ce lieu-là une vieille poussière qui monte à la gorge, et qui convertit presque tout en psalmodies ou en braillemens. Les chanteurs du grand Opéra sont cependant, en général, excellens musiciens, et plusieurs d'entre eux connaissent la défectuosité de leur système de chant. Mais la machine est montée depuis si long-temps, et le bien se fait en général si lentement, même lorsqu'il est reconnu, qu'au lieu de rebrousser chemin, ils marchent en avant dans leur ornière. Ce qui va bien à l'Opéra, ce sont les chœurs; ils sont même souvent excellens. La raison en est que le principal mérite des chœurs est l'ensemble, et que le grand nombre de bons musiciens qui existe à Paris, donne les moyens de choisir des sujets habiles, qui prennent volontiers une carrière qui leur offre une place fixe et la certitude d'une retraite.

La détestable méthode d'accompagnement, en usage à ce théâtre, est sans doute en grande partie cause du mal, et achève de tout gâter dans l'exécution. Comment, en effet, un chanteur pourrait-il se faire entendre sans crier, quand il lui faut pour cela percer la masse de sons produite par cet immense orchestre exécutant de toute la force de ses bras et de ses poumons! Il semble qu'il s'agisse d'une gageure entre les chanteurs et les accompagnateurs, à qui fera plus de bruit. Les cent instrumens l'emportent sur un gosier; mais celui-ci n'en veut pas moins lutter, et dans de semblables combats, est-il possible de poser et de filer des sons, d'ajouter au chant des agrémens de bon goût, de mettre enfin de l'expression? Rien de tout cela ne serait entendu; on le remplace par des cris. Au lieu de pénétrer l'âme des auditeurs par cette belle méthode italienne, dont les bons chanteurs offrent des modèles, on leur perce les oreilles. Le goût, les nuances, le sentiment, sont remplacés par la force. Mais c'est une loi imposée par la nature, que tout ce qui est forcé est mauvais, au positif comme au figuré, en fait d'exercices de corps comme d'exercices de nos facultés intellectuelles et sensitives. La musique est un art dans lequel le sentiment est la condition *sine quâ non.* Comment un chanteur pourrait-il mettre du sentiment dans son chant, quand toutes ses facultés et tous ses efforts sont employés à crier le plus possible? En Italie, les salles sont souvent plus grandes que celles de l'Opéra, et moins sonores; on y entend fort bien les chanteurs, qui pourtant ne crient point; mais les orchestres, en accompagnant, ne s'imaginent pas exécuter des symphonies. L'orchestre de l'Opéra de Paris est cependant composé, dans toutes ses parties, d'artistes du premier mérite; mais on leur fait faire un bien mauvais usage de leurs talens.

En Espagne, en Angleterre, et même en

Allemagne, on ne place la musique chantée dans la langue nationale qu'en seconde ligne. Nous sommes les seuls qui voulons avoir des spectacles chantans dans notre propre langue exclusivement. C'est une noble ambition qu'il n'est pas question ici de discuter ; mais au moins cherchons à faire le mieux possible, et à nous rapprocher de nos maîtres en ce genre. Les Italiens l'ont été et le sont; c'est à la méthode et à la musique italienne que sont dus les grands progrès qu'a fait l'art du chant en France : on peut en appeler à ceux qui ont entendu chanter, il y a trente ans, avant l'établissement d'un théâtre italien à Paris. Mais ne croyons pas avoir tout fait. Notre langue sera particulièrement un obstacle sans cesse renaissant, et qui nécessitera de conserver toujours à Paris un théâtre italien, sous peine de rétrograder. Cela peut blesser peut-être quelques amours-propres; mais il n'en est pas moins constant que les Italiens serviront toujours de modèles aux autres nations dans l'art de chanter. Cela doit être ainsi, par une raison prise dans la nature même des choses; parce que leur langue, déjà si douce, est accentuée, et conséquemment est susceptible d'une force d'expression qui n'a de bornes que les mystérieuses profondeurs du cœur humain; parce que cette langue est tellement musicale, qu'il serait possible de passer, par des nuances imperceptibles, d'une phrase parlée sans expression à la même phrase chantée avec tout le luxe de l'art, sans que l'on s'aperçût quand l'harmonie musicale commencerait; enfin, parce que cette langue parlée est déjà une musique, à laquelle des sons habilement combinés ne font qu'ajouter une plus grande expression, et cela sans changer la nature du mécanisme de l'expression du langage parlé; car le chant italien ne fait qu'ajouter à l'expression du langage, en augmentant l'intensité ou la durée des syllabes qui sont déjà, dans le discours, fortes et longues. Cet avantage de la langue italienne, joint à la douceur de ses désinences, la rend la plus musicale de toutes les langues.

Il appartient au premier théâtre musical de France de fixer enfin une méthode de chant pure et gracieuse, et d'achever ainsi l'œuvre de la réforme du chant français. Espérons que l'esprit dans lequel paraît dirigé depuis quelque temps ce beau théâtre, et les grands talens qui composent cette réunion d'artistes, ameneront des améliorations si désirables.

Passons à l'Opéra-Comique. Ce théâtre, tout en conservant ses priviléges et son répertoire, s'est beaucoup relâché, ainsi que son frère aîné, de la sévérité de ses droits. Deux théâtres de vaudevilles existent; dans ces théâtres et dans d'autres, on représente, sous le nom de vaudevilles, des pièces qui peuvent être considérées, dans quelques-unes de leurs parties, comme de véritables opéras-comiques.

Pendant que les théâtres de vaudeville prospèrent, quoique étant au nombre de deux, et précisément parce qu'ils sont deux, celui de l'Opéra-Comique est atteint d'une maladie de langueur; il dépérit, le public semble l'abandonner. Quelles en sont les véritables causes? Cherchons à les connaître, en prenant pour guides des principes qui ne nous égareront pas.

L'Opéra-Comique est en France le spectacle fait pour plaire davantage au public. Ce genre est établi de façon qu'il consiste en pièces bonnes comme comédies, et comme compositions musicales, et que ses acteurs sont à-la-fois comédiens et chanteurs. Les pièces de ce genre sont très-nombreuses, et un grand nombre de ces pièces sont des chefs-d'œuvre du genre. Joignez à cela quelques frais en décorations, costumes, et même en danses; et il résultera de cet ensemble le spectacle qui plaira au plus grand nombre. Pourquoi donc le public s'en éloigne-t-il? Parce que ce théâtre s'endort, et qu'aucun rival ne l'aiguillonne.

On a souvent parlé, dans les journaux, de chanteurs qui se proposaient pour débuter à ce théâtre, et que les premiers sujets éloignaient. La malignité s'est plu sans doute à exagérer les talens des postulans, et les craintes jalouses des sujets qui remplissent les premiers emplois; mais il est dans le cœur humain qu'une personne en possession d'un avantage quelconque, craigne ceux qui se présentent pour le lui ôter. Il est naturel qu'un comédien craigne l'autre comédien qui, étant à côté de lui pour lui succéder dans son emploi, fait de constans efforts pour plaire davantage que son ancien, et pour le remplacer le plus tôt possible. Il est naturel ensuite que lorsqu'un théâtre est gouverné par quelques chefs d'emploi, ils s'entendent pour éloigner les concurrens qui pourraient nuire à leur suprématie. Je ne dis pas que cela soit, je ne désigne personne; mais je dis que voilà comme le cœur humain est fait dans les coulisses ainsi qu'ailleurs, avec cette différence que les gens de théâtre vivent non-seulement d'argent, mais aussi d'applaudissemens, et de jouissances d'amour-propre bien autrement vives que celles qu'éprouvent les gens du monde; ce qui les rend beaucoup plus susceptibles de pousser à l'extrême les sentimens de personnalité.

Ce n'est donc pas l'opéra-comique qui languit; c'est le théâtre de l'Opéra-Comique, situé à Paris, rue Feydeau. Il est étouffé sous le poids de ses priviléges et de son inutile répertoire. Semblable aux portiers des harems de l'Orient, il ne fait rien et empêche les autres de faire. C'est une victime innocente et infortunée qui périt par les armes qu'elle a elle-même forgées. Le remède est déjà connu. L'Opéra-Comique fleurira, et le théâtre de la rue Feydeau prospérera, lorsqu'on pourra jouer des opéras-comiques dans plusieurs théâtres.

Le théâtre Français est, de tous, celui qui a le mieux conservé ses antiques priviléges; ils sont presque intacts. La noble révolution qui s'est faite depuis trente ans dans les bases de notre organisation sociale, dans notre législation, dans nos mœurs, a rencontré quelques parties de nos gothiques institutions qu'elle n'a pu atteindre; le théâtre Français en est un exemple. On l'a vu sortir victorieux de sa lutte contre les principes; ébranlé un moment, pendant les temps de la tourmente, il s'est raffermi sur ses antiques bases; il est demeuré debout comme un vieux donjon isolé, plus lésardé que jamais, à la vérité, mais cependant encore respecté. La noblesse a perdu ses priviléges, le clergé a perdu ses biens et jusqu'à son existence solidaire, les corporations ont été détruites; mais le théâtre Français est ce qu'il était il y a quarante ans. Malheureusement pour lui et pour nous, les rouages qui le font mouvoir ne sont pas tout-à-fait tels qu'alors. Les priviléges ne donnent pas le talent.

« Mais, s'écrieront quelques personnes, » c'était cependant alors le temps des privi- » léges! » Oui, mais ce n'étaient pas les priviléges et les règlemens qui faisaient nécessairement naître des talens; car les mêmes priviléges et les mêmes règlemens produiraient aujourd'hui des résultats semblables. Pourquoi donc ces talens existaient-ils alors, et n'existent-ils pas aujourd'hui? Qui le sait. Homère est né dix siècles avant notre ère, et Molière en 1620: qu'on dise pourquoi! Ce qui est certain, c'est qu'il faut chercher le meilleur système, et que celui des priviléges est en tout le pire de tous.

Le théâtre Français, en sauvant ses anciens priviléges, a spécialement conservé celui de pouvoir seul jouer à Paris les pièces de Corneille, Molière, Racine, etc., enfin ce qu'il appelle son répertoire. Les deux autres théâtres n'en sont pas tout-à-fait là. Il est permis aux théâtres de vaudeville et de mélodrames, d'employer dans les pièces qu'ils représentent les airs des anciens opéras sérieux et comiques. Ce sont choses belles et bonnes qu'on a reconnu, conformément aux lois, être la propriété de tout le monde, et ne pouvoir être trop multipliées ; mais les vers de Molière, ceux de Corneille et de Racine, etc., c'est bien une autre affaire ! ils ne peuvent sortir que de la bouche des acteurs Français, demeurans rue de Richelieu.

Ne perdons pas de vue qu'il n'est nullement question dans tout ceci, et en général dans tout cet écrit, de donner à penser que l'administration des théâtres fait ce qu'elle n'a pas le droit de faire ; tout ce qu'elle fait étant conforme aux règles établies, elle peut disposer des choses comme elle l'entend. Il est conforme aux règles subsistantes, que l'autorité, maîtresse en cette partie, ne fasse jouer Tartuffe et Cinna que sur un seul théâtre ; qu'elle ne les fasse même pas jouer du tout, si elle le trouve convenable. A cela il n'y a rien à répliquer, tant que le régime actuel subsiste, en l'absence de toute législation à cet égard.

Mais le point de fait, dans l'affaire du répertoire du théâtre Français, n'est pas tout. On a voulu représenter comme un droit l'existence de ce privilége. Les acteurs Français ont établi, par quelques vieilles quittances, qu'ils avaient payé à M.r J. B. Poquelin de Molière, tel jour, une certaine somme pour une de ses comédies; que tel autre jour, ils avaient donné à M.r P. Corneille, une somme pour une pièce qu'*il devait leur faire*, etc. De-là, ils ont conclu que toutes les pièces qu'ils ont jouées sont leur propriété exclusive. Cela est contraire à nos lois, qui sont sur cette matière aussi claires que précises, et basées sur la règle suivante, que toutes les productions de l'esprit et des talens dans les arts sont la propriété de leur auteur et de ses héritiers jusqu'à l'expiration de dix années après sa mort, époque où elles deviennent la propriété de tous, c'est-à-dire que tous peuvent en user à leur gré. Les prétentions du théâtre Français ne sont donc nullement fondées.

Comment! les substitutions, les droits des terres nobles, les dîmes, et une foule d'autres priviléges attachés à des choses et à des institutions qui subsistent encore aujourd'hui, ont été anéantis par la révolution; nos lois ont consacré les principes contraires, et l'on voudrait prétendre que le privilége du théâtre Français sur les ouvrages des auteurs morts existe encore! Il est resté, comme tous les autres, dans la poussière de la salle des séances de l'Assemblée constituante.

Ayant examiné l'état actuel de l'administration des théâtres, il convient, pour terminer ce tableau, d'exposer aussi quelle est la situation du personnel de ces établissemens, c'est-à-dire des auteurs et des acteurs : commençons par les premiers.

Les lois ont assuré aux auteurs le droit de disposer comme ils l'entendent de leurs productions; elles sont leur propriété et celle de leurs héritiers jusqu'à l'expiration de dix ans après la mort de l'auteur. On a réclamé, depuis quelques années, sur la briéveté de ce terme. Peut-être est-il en effet trop court, et conviendrait-il de le prolonger. Mais on doit considérer ce changement dans la législation comme une amélioration à discuter, et ne pas oublier que le principe des droits des auteurs a été reconnu pleinement depuis la révolution, et que ces droits ont été assurés, tandis qu'ils étaient auparavant abandonnés à l'arbitraire. La règle établie, simple et générale, a, comme toutes celles qui réunissent les mêmes qualités, les applications les plus heureuses et les plus faciles. Cette règle est relative aux lettres comme aux beaux arts. On ne peut disposer de l'ouvrage d'un écrivain, de la composition d'un peintre, de la partition d'un musicien, du bas-relief d'un sculpteur, sans leur aveu, ni les reproduire sous quelque forme que ce soit, sans leur consentement. Les discussions en cette matière sont remises à la décision des tribunaux.

Rien de plus juste, de plus raisonnable et de plus simple, qu'une semblable législation. Les auteurs ont obtenu par-là ce qu'ils demandaient si vivement avant la révolution; plusieurs d'entre eux ont acquis et acquièrent ainsi des revenus considérables, et jamais revenu ne fut plus légitime. Mais les dispositions favorables de ce système se trouvent contrariées par le mode suivant lequel les théâtres sont régis; et voici comment. L'administration des théâtres, par une conséquence de la plénitude de son autorité, fixe les rétributions que les auteurs reçoivent pour la représentation de leurs ouvrages; elle établit des tarifs de ces rétributions suivant la nature des pièces, le nombre de leurs actes, les villes et les théâtres où elles liberté des théâtres; c'est ce qu'ils appellent l'intérêt de l'*art*. Au moyen de ce mot prononcé avec une emphase mystérieuse, il semble que tout est dit, que toute la question est résolue. Mais il faut s'entendre soi-même, et se faire comprendre des autres: voyons donc ce qu'on prétend dire en parlant de l'intérêt de l'art. D'abord, de quel art est-il question? Ce n'est sans doute ni de l'art de la musique, ni de l'art de la danse, ni de l'art de la peinture des décorations, ni de l'art chorégraphique, qui, dans l'état actuel des choses, ont plusieurs moyens de développer leurs ressources, et même plusieurs champs de concurrence; il n'est pas même question de l'art du comédien en général, puisqu'il y a maintenant plusieurs théâtres où se jouent de véritables comédies. Ce mot, l'intérêt de l'*art*, veut donc dire l'intérêt de l'art qui est pratiqué au théâtre Français, situé à Paris, rue de Richelieu, ce qui veut dire réellement en définitif l'intérêt des acteurs exerçant leur art dans le susdit théâtre.

Mais cet art, quel qu'il soit, n'est-il pas soumis aux mêmes règles que tous les autres? La concurrence n'en doit-elle pas amener l'avancement? Prétendre le contraire, c'est nier tous les principes, et les conséquences que l'expérience fait connaître. Prétendre que le privilége de jouer les pièces d'un genre quelconque concentré dans une seule compagnie d'acteurs est le germe de la perfection de l'art du comédien, c'est une erreur de jugement et de mémoire.

L'art d'écrire, la peinture, la sculpture, sont aussi des arts. Que seraient des règlemens qui, sous le prétexte de perfectionner ces arts, y détruiraient la concurrence ? Quel serait le résultat de règlemens qui défendraient d'imprimer ses pensées à qui ne serait pas logé dans le bâtiment des Quatre-Nations, ou de peindre à qui n'aurait pas un atelier dans le ci-devant Musée des Monumens Français ? De semblables règlemens donneraient-ils des écrivains et des peintres plus habiles ? Ils anéantiraient, avec la concurrence, tout esprit d'avancement ; car la concurrence en est le germe et le seul germe. Pourquoi donc les théâtres privilégiés doivent-ils faire loi à part ?

« Mais, disent aussi quelques personnes, si
» le système de liberté des théâtres s'établis-
» sait, combien de gens ruinés ! Que de compa-
» gnies, que d'entrepreneurs se renverseraient
» les uns les autres ! Quelle foule de pères
» de famille déplacés ! » Voilà sans doute des

malheurs; mais ils sont le résultat de la marche de la société. C'est ce qui arrive dans toutes les branches de l'industrie; le mal est ici bas à côté du bien : il faut seulement tendre aux combinaisons qui donnent le plus de biens et le moins de maux. En toutes choses, la liberté bien réglée amène ce résultat. La loi n'empêche personne de s'établir négociant, banquier; et cependant la banqueroute d'un banquier jouissant d'un médiocre crédit cause des pertes beaucoup plus considérables que ne ferait celle d'un entrepreneur de théâtre. Ne pourrait-on pas d'ailleurs imposer aux entrepreneurs de théâtres l'obligation d'un cautionnement qui garantirait leurs obligations envers leurs subordonnés, et sur-tout aussi celles envers le public ?

Qui pourrait donc militer encore en faveur du système actuel d'administration des théâtres? des considérations qu'on n'oserait pas avouer: le désir de maintenir des hommes dans les habitudes de l'obéissance, en les tenant le plus possible sous le régime des règlemens, fussent-ils même inutiles ; le but de faire des partisans à l'autorité, ou des créatures aux administrateurs, en donnant des places. Misérables idées, qui ne partent plus d'en haut dans ce temps-ci. Les gouvernemens savent qu'ils sont d'autant plus puissans que les lois assurent aux citoyens plus de liberté, et d'autant plus stables qu'ils ont moins de places à donner. Quant aux administrateurs, ne doivent-ils pas savoir depuis long-temps que des créatures ne leur servent à rien quand ils sont en place, et qu'elles deviennent, le jour de leur chute, les créatures de leurs successeurs?

Peut-être quelques esprits caustiques iront-ils jusqu'à penser que, parmi les motifs qui pourraient contribuer au maintien du système actuel, se trouvent les calculs des avantages que ce système procure à certaines personnes, qui peuvent se faire, au moyen de leurs droits et de leurs fonctions, un revenu prélevé sur les théâtres en billets gratis, et même en valeurs plus sonores. Ces avantages, s'ils sont constans, car on est loin de le reconnaître, ne pourraient être l'apanage que de quelques subalternes, et n'entreraient pour rien dans les déterminations des personnes qui auraient à décider sur cette matière.

En résultat donc, le système de liberté établi dans le régime des théâtres produirait nécessairement des améliorations dans toutes les parties des arts qui ont rapport aux représentations dramatiques, des salles de spectacles mieux construites, des places pour les spectateurs plus commodes, des prix plus modérés, des augmentations dans les produits des impôts établis sur cette partie, une plus grande émulation parmi les écrivains et les artistes, et une foule d'autres avantages moraux et économiques que le temps ferait connaître et apprécier.

Les talens qui contribuent à la perfection des représentations théâtrales sont les fruits de longues études, d'une aptitude naturelle aux arts, souvent de l'élévation de l'âme, et quelquefois même du génie. Ces talens ne peuvent être comparés sous aucun rapport aux occupations mécaniques. Mais les entreprises théâtrales, qui mettent en jeu ces talens, ne sont pas des choses de la même nature. Elles ne demandent pas des artistes; elles n'exigent d'autres talens que ceux nécessaires à toute entreprise un peu compliquée. Ce sont de véritables affaires commerciales, et qu'il faut juger sous le rapport industriel. Sous ce rapport donc, les théâtres peuvent être comparés aux voitures publiques. Ces deux genres d'établissemens ont beaucoup de similitude. Eh bien! depuis que les voitures publiques sont en

France une industrie libre, ces voitures sont successivement devenues plus commodes, plus fréquentes, plus multipliées, plus rapides ; leurs prix ont baissé, et les produits des impôts sur cette branche ont été beaucoup au-delà de ce que donnaient les fermiers qui avaient jadis ce privilége exclusif. Ce sont là des vérités dont tout le monde peut aisément se convaincre.

Toutes ces réflexions sur un sujet moins futile que beaucoup de personnes le pourront penser, se réduisent donc à ces deux mots : la liberté et des lois. N'est-ce pas là le but vers lequel la France s'avance pour des intérêts bien autrement importans que ceux qui ont été développés dans cet écrit ? Tout doit être lié dans un état de choses bien organisé, et l'on pensera sans doute qu'il n'est pas inutile de faire reconnaître que les mêmes principes qui doivent régir les grands intérêts d'une nation, s'appliquent également bien aux matières d'une moindre importance. Désirons donc des lois basées sur les vrais principes de la liberté et de l'égalité ; plus nos institutions seront fondées sur de telles bases, plus l'esprit public s'améliorera dans notre patrie. Désirons voir bientôt arriver le moment où nous aurons pour les lois ce respect religieux que l'on remarque chez un peuple voisin; respect tel, que les misérables condamnés pour les plus grands forfaits, fiers encore de la législation qui les frappe, marchent à la mort avec décence et fermeté, allant, disent-ils, payer leur dette à la loi du pays.

Le but de cet écrit était de faire reconnaître que le système de liberté des institutions théâtrales, en ouvrant un champ libre à l'industrie et aux talens, produirait les plus grandes améliorations dans le service public, ainsi que dans le sort de toutes les personnes qui suivent la carrière théâtrale, et placerait ces institutions dans une situation conforme aux principes constitutionnels. Si l'on n'a pas réussi à convaincre tout le monde des avantages de ce système, peut-être n'aura-t-il pas été inutile d'attirer en ce moment sur ce point l'attention de ceux que leurs fonctions appellent à nous donner des lois.

www.ingramcontent.com/pod-product-compliance
Lightning Source LLC
LaVergne TN
LVHW022130080426
835511LV00007B/1101

* 9 7 8 2 0 1 2 6 9 8 7 5 8 *